Ausentes tus ojos

Ricardo Carrasco

Liber Factory

© 2015 Ausentes tus ojos
Ricardo Carrasco
© 2015 Editorial: Liber Factory
C./ San Ildefonso nº 17 28012 Madrid. España
Web: www.liberfactory.com Tel: 0034 91 3117696

ISBN Papel: 978-84-9949-796-9
ISBN Ebook: 978-84-9949-797-6
Depósito legal: M-32348-2015

Disponible en préstamo, en formato electrónico, en www.bibliotecavisionnet.com

Disponible en papel y ebook
www.vnetlibrerias.com
www.terrabooks.com

Pedidos a:
pedidos@visionnet.es

Si quiere recibir información periódica sobre las novedades de nuestro grupo editor envíe un correo electrónico a:

subscripcion@visionnet.es

Dirán
que esto
no es
poesía,
pero
yo les diré
que la poesía
es
un martillo.

Gabriel Aresti
(1933-1975)

1.

Fosas, caminos, cunetas
(España, 1939)

Como polvo herido
-carne deshecha-
en pasos ciegos,
asidos
a la compañía amarga
de una bala fría,
piedad huida
que se recibe sin grito.

Como un mundo sin luz,
de cielos de tierra,
de palabras ahogadas
que se respiran
contra caminos,
contra segundos
que sueñan nombres
nunca más pronunciados.

Como el ruido
terrible y hueco
del disparo,
de mil palas romas
que hieren España,
preñando su vientre yermo
-útero y fosa-
con sus hijos rotos.

Como jirones de días
disfrazados de noche,
de setenta años de sombra,
sin más sudario que ropas
que vistieron vivos
y que lucen muertos,
atados a un olvido
que es sin memoria.

2.

(Desnudos)

Cuando cierre los ojos,
ausentes ya de toda luz,
volveré a esta misma noche
en la que,

desnudos,

mi rostro vivió contra tu pecho,
en un instante en el que el tiempo,
se midió, enamorado,
en los cálidos segundos
de tus latidos.

3.

Azul

Tu cuerpo
anega
todo,

el aire,
el tiempo,
la vida.

Y ya no soy yo,
sino tú;

y la noche
ya no es noche,
ni día,
ni hora,
ni minuto,

sino un cielo
ciego
y completo
que me
constela
la mirada,

y que azulea,
desvaído e intenso,
sobre mi piel desnuda,
negándome el día.

Y junto a ti

[sobre ti]
[bajo de ti]
[en ti]

las palabras
dicen palabras
en el silencio
de sus pausas,

respirando nuestros gestos
como un cosmos fulgurado
que grita más que ellos,

y que revela,
callado, que inventar
la noche a tu lado
es ponerle
nombre a todo
de nuevo.

4.

Cuando Dios nos sueñe

Tus labios, sobre los míos.

Lentos y abiertos como la noche
que se desangra en la alborada,
rendida a tu luz;
como una cítara de plata
que sueña ser el mar
y deshila los segundos
arrojándolos
sobre tu cuerpo desnudo,
casi virgen para mí.

Tus labios, sobre los míos.

Y no hay mundo,
solo tiempo;
en una danza de seda
en la que aún duermen
nuestros nombres;
dulce presagio
de los recuerdos
que seremos mañana,
cuando Dios nos sueñe.

5.

La noche, de nuevo

La noche de nuevo,
guardándose la luz como un secreto,
dejándome a solas con tu imagen,
ya huida y lejana,
como poesía pura,
inescrutable e intransmisible;
como la esencia básica y certera
de lo que debe ser un verso,
sin palabras para latir,
abandonado de tan hondo.

La noche, de nuevo,
helándome la vida, entregándola a tu recuerdo;
a ese instante, ya perdido,
en el que cerrabas los ojos para amarme,
en una carrera enloquecida
donde todas las palabras se decían con las manos
y en la que nada era imposible, ni excesivo ni suficiente;
como el inicio mismo del mundo,
como un parto hermoso y consciente
donde la primera luz siempre era tu cuerpo.

6.

Oteros
(Castilladentro)

Como curvas de mujer,
como montañas castradas
que danzan abrazadas al llano,
como pilares romos y temblorosos
que sostienen los siglos que fueron siglos
antes de ser contados,
y respiran su tiempo vertiéndolos sobre la tierra,
sembrando los surcos de luz;
de esa memoria, dudosa y huida,
sobre la que florecen todas mis palabras.

Como un espejo hecho de polvo y noches
en el que todas las ruinas
se miden en un baile enamorado
en el que rinden su vida al olvido,
desnudando sus piedras
en una batalla inmóvil,
en una mano agónica que, tendida al cielo,
implora por no morir,
por seguir soñando, en secreto,
con el nombre de las mujeres que no tuve.

Como velas de piedra
entregadas al triste acero de un cielo raso;
como memorias heridas
por el tajo de nieve
de una luna menguante,
de repente helada,
que acuna, callada,
la danza verde y desesperada del trigo aún vivo,
que olea al son del viento,
inventándose la noche.

Como la tumba de un recuerdo perdido;
del triste sepulcro de las palabras,
hoy incomprensibles,
que preñaron a las nuestras,
presagiando los cadáveres
que seremos mañana,
presos del inmenso misterio del tiempo;
de los segundos que fluirán,
ya libres,
sin el ridículo cadalso de los hombres.

7.

Canto a la defensa de Madrid

Como sombra de un cuerpo muerto,
reventada por los gritos
de quienes dijeron amarla,
por palabras que se hicieron obuses,
violando el cielo,
y se confundieron, abstrusas,
con los lloros de niños que ya no son niños,
sino escombros de carne
que respiran sin aire,
presos de la noche.

Edificios que tiemblan
como soldados heridos,
como árboles yermos
destruidos por un hacha de pólvora,
sin más paredes
que un cielo de cuero azul
en el que se postran, enfermos,
los redondos ángulos
de todas las nubes,
rendidas ya al insoportable silencio de la muerte.

Senderos deshechos
como puras cicatrices,
como ríos que cruzan
bosques de hombres mudos,
de héroes callados que, postrados,
vomitan su vida sobre la tierra;
convirtiéndose en sudarios inversos
que, silentes,
velan la carne
de su viejo país sin nombre.

Solar de perros famélicos
que olisquean, tristes,
las antiguas esquinas, soñando las flores,
bajo cúpulas desnudas e iglesias muertas,
sobre calles que ya no son calles,
sino surcos sembrados con muertos
al son de un grito
-¡Arriba España!-
que, tras matarlos,
les ordena levantarse.

8.

Tacto (Uno)

Mis manos son corazones huidos de mi pecho,
mundos que laten gestos
al son de las caricias que te sueño.

Mis manos son piedras sin memoria,
rabia plegada deshecha para amarte,
para vestirte, desvestida, con trajes de palabras.

Mis manos son pasos en el cielo,
camino que trenza un final que no es final,
sino ausencia de todo aquello que no lleva tu nombre.

9.

Palabras rotas

La noche es un manto de palabras rotas
que viven, destejidas, desnudas de tu cuerpo.

Ya no estás. Te fuiste.

Y tras de ti solo queda el camino
que dejaron tus gemidos,
lecho sobre el que marcha, pesado y lúgubre,
el cortejo de todas mis tristezas.

Fuera, el viento de Madrid no tiene mar
y aúlla su suerte, helándolo todo,
pronunciando tu nombre con los labios sedientos,
volteando las esquinas para encontrarte;
para recitarte, enamorado, los versos que te escribiré
en este alba de alabastro azul;
bella e hipnótica como la danza de una llama fría.

La noche es un manto de palabras rotas
que huyen, despavoridas,
suspendiéndose en el cielo,
disparadas al azar
como estrellas inalcanzables,
metáfora elevada de tus ojos abiertos.

La luna sueña tu cadera sonriendo a la noche
como un otero de plata, tan curvo como su brillo.

Te siento. Aunque no estés.

Y tu vacío te hace aún más presente
que cuando estabas;
y repite tu nombre todas las horas
y todos los segundos,
en un canto místico y ensimismado que imagina
amanecerse, ya libre, en el leve valle de tu espalda.

No volverás a besarme. Vivirás huida de mí.
Como antes de amarme,
como si nada hubiera ocurrido,
como si nuestro amor no hubiese sido más
que el eco reverberado de una vida anciana y fallida,
de un espectro de caricias y promesas
de las que nadie, salvo nosotros,
podrá recordar jamás nada,
en una suerte de maldición sincera
sin la que viviría perdido, ausente de lo que soy.

Ya es tarde. O quizás pronto. Amanece.

La luz tiembla antes de hacerse luz
y confundirse en el manto cristalino del día,
como el verso cuando aún no es palabra,
sino puro miedo, puro deseo,
pura tristeza que palpita dentro de ti,
inventándose el mundo,
como la vida cuando comienza a serlo.

La noche es un manto de palabras rotas
en el que Madrid olvida el nombre de las cosas,
porque solo puede recordar el tuyo.

10.

Tu ausencia es la sed

Te lo llevaste todo.

Y la noche cae sobre mí como una maldita mentira,
como una bóveda oscura
que agoniza cosida a las nubes,
rojas como la sangre.

Y tu ausencia es la sed.

La sed entera, la sed completa, la sed perpetua;
la sed que vive en mis palabras
como el aire que no se tiene
y se deshace, enferma, en los gestos de mis manos,
tendidas a los tuyas
como el náufrago que aún no es ahogado
sino vida que lucha y palpita, insignificante,
sobre el agua inmensa.

Y tu ausencia es la soledad.

La soledad como grito, como vida, como muerte;
como un vacío infinito que se hace pequeño en mis labios
y sueña decirlo todo en la sola palabra de tu nombre.

Y tu ausencia no tiene versos.

Solo palabras muertas,
gritos que viven su muerte
al filo de una herida abierta
que sueña ser tú.

Y, aquí,
tu huida serpentea gota a gota
bajo el amargor de su calor seco,
derramando sobre mi piel desnuda
su camino enfermo y sin tiempo;

como un recuerdo lejano,
que lejos de ti,
pierde hasta su nombre.

11.

Llanura (I)

Llanura,
como el fondo de un mar huido e invisible
que se disfraza de puro cielo;
de un océano que respira, hilado,
junto a las estelas de las nubes,
espuma que el viento
deshace junto a tus pasos,
haciéndolas sendero.

Llanura;
y la tierra, solo como tierra,
desnuda, sin sombra, toda igual;
como la verdad
cuando es verdad entera,
desprovista de palabras,
acompasada a lo humano,
como el breve cadáver del tiempo.

Llanura,
como tu manos extendidas,
vueltas hacia arriba,
con líneas por caminos
que aún laten llenos de mí,
callando la danza que un día dibujaron
junto a las mías, cuando era nuestro tiempo,
como espigas vivas, como promesas inciertas,
hoy y siempre incumplidas.

12.

Despertar, Amanecer, Rendirse

Despertar,
junto a segundos no aprendidos,
con la mirada entreabierta al tiempo,
viviendo días que ignoran sus noches
en la memoria y en las palabras.

Amanecer,
envuelto en recuerdos
disueltos en luz,
vencidos al débil propósito
de huir de tus pasos.

Rendirse
al terso manto de un cuerpo,
desconocido ayer,
olvidado mañana,
como un océano sin nombre

-mentira hermosa-

que besa como tú.

13.

Canción que no será escuchada

[Escribo]

como el aire invisible
que navega, silente,
sobre los veneros,
y vierte su oleaje vacío
en la danza anciana
de las ramas muertas,
raíces mismas de un cielo
anclado a la luz,
tan celeste como tu cuerpo.

[Escribo]

como la mar que nadie ve y nadie surca
y se bebe el cielo a bocanadas,
muerto de sed,
en una agonía gris
que respira como un amante de última vez,
lleno de furia triste,
de vida, que por vivida, se torna deshecha
y late toda junta, rasgada en espuma,
como canción
que jamás será escuchada.

14.

Llanura (II)
(Tierra, mujer, tiempo)

La llanura, como tu cuerpo:
infinita, hermosa, eterna,
vestida tan solo por la danza
del trigo amarillo,
que embiste, casi animal,
contra la tierra inerme;
tan vivo y tan muerto como la propia luz,
sólida metáfora en la que se sueña.

La llanura, desnuda,
tan llena de vacío
como tu propio silencio,
como un verso impúdico y silente
que duerme, recostado,
en el dulce abrigo
de tu pecho,
respirado contra el mío.

La llanura, como tu espalda,
surcada por la cicatriz de un sendero ausente
que se vierte, agónico,
sobre tu recuerdo;
como un cauce tallado
por las hondas caricias de mis manos,
revelada lentamente
en una curva con perfil de palabra.

15.

Hijo, hija
(Esperándote)

Eres espera en la espera,
tiempo que me late dentro,
aún detenido,
luz dormida que besa tus ojos,
más vivos que la vida,
más callados que el silencio.

Eres los días que viviré ya muerto,
perdido en la sombra infinita
que me aguarda tras mis horas;
oscura como el vientre que amé una noche
y que aún te mece,
bajo el tacto de mis manos.

Eres los labios que pronunciarán mi nombre mañana,
cuando los míos, ya mudos, callen el tuyo,
aún no revelado;
vivos ambos en un instante
en el que danzarán para siempre
todas las palabras que te diré.

Eres el verso desnudo que siempre soñé,
la imagen incierta y hermosa
que guardo presa en la memoria
y que aprendo a amar,
caminado a tu encuentro,
mientras sostengo el alma en las manos

para unir mi vida a tu vida,
para unir mi tiempo a tu tiempo.

16.

Ahora mismo

El recuerdo, en un segundo,
palpitando, casi vivo.

Tu pecho, entregado, encendido,
prendido a mis manos, a mi boca y a mis palabras,
como los espejos traslúcidos de mis ojos,
que ciegos y enamorados,
lloran toda la poesía, de repente.

17.

Eres todas las noches

Eres todas las noches,
tiempo que vive temblando
como un recuerdo cautivo
de la luz que aún no existe,
muerta hoy,
pero viva mañana.

Eres todas las noches,
esperanza y travesía,
mar oscuro que, por vivo,
cambió mis segundos por latidos,
por pasos que me guían, inciertos,
hasta el dulce umbral de tus días.

Eres todas las noches,
susurro atado a tu piel tibia,
breve y precioso
como el tiempo que me queda,
preso de un Dios que esta noche
soñará ser mis manos.

18.

Reflexión (uno)

La ternura, enternecida;
sembrada en los surcos de mis ojos,
espejo de tus miradas.

Las promesas, prometidas;
tallando mundos ya presentes
que amanecerán mañana, en la orilla de tus días.

El olvido, olvidado;
como palabra que no existe,
aún no inventada.

(Te debo el amor, por tanto).

(Todo el amor).

Luz.

19.

Memoria

Recuerdo tus besos
-todos tus besos-
como soñaría
recordar mis días;

libres, presentes,
uno a uno,
para siempre ajenos
al velo del tiempo.

Recuerdo tus caricias,
-todas tus caricias-,
como Dios recuerda los siglos
antes de que fueran siglos,

cuando eran versos
de amor y furia
aún errantes
en sus ojos durmientes.

Recuerdo tus pasos
-todos tus pasos-
hollados sobre los míos
como una presencia ausente,

como la confesión callada
de una duda que aún duda
si alguna vez has estado
o si todavía permaneces.

20.

En la hora

En la hora oscura en la que te amo,
en la que el día tiembla y la noche languidece,
en la que las sombras son sombras de sí mismas,
y tus palabras sin puerto se hacen gemido.

En la hora prohibida en la que el tiempo se estremece,
en la que la luz es ausente y la negritud tardía,
en la que siento tu piel como único abrigo,
y mis manos quieren ser las tuyas.

En la hora perdida en la que mi cuerpo es naufragio
y se oculta tras el manto azul
de tus ojos cerrados,
en una tempestad sin tierra, sin luz y sin cielo.

En la hora escondida en la que nos hacemos uno,
y al mismo tiempo cientos, sin contradicción posible,
aprendo a amarte con el miedo de un niño,
aprendo a temerte con el miedo de un hombre.

21.

Tres Peces, 15

Estoy herido (de) tu mirada oscura,
perdido en una luz sin tiempo,
errante en un parpadeo que dura un siglo,
en la mar sin orillas que me late(s) dentro.

Y a ella –tormenta-, lo rindo todo,
al son de mi hermosa derrota,
sobre un amanecer constante
que escribe en lo escrito,

[que grita sin grito]
que tu risa, mujer,

era mi guerra más bella.

22.

Padre
(Elegía para un vivo)

Cerrar los ojos
[Sueño]
y navegar en días inundados de azul,
sin tierra bajo los pasos;
en un mar hecho solo de memoria,
de olas de luz y tiempo herido,
de versos y senderos trazados al aire,
como gestos de niño.

Cerrar los ojos
[Presencia]
y meterme tu olor dentro
para no olvidarlo nunca;
para convertirlo en el himno
callado y secreto de mi infancia,
tiempo huido que viví recostado en tu hombro,
cuando las cosas no tenían nombre.

Cerrar los ojos
[Palabra]
a días que serán sin ti,
nacidos de un tiempo triste y deshecho
en el que caminaré sobre tu recuerdo como siempre hice,
prendido de tu mano,
soñando surcar los latidos gastados
de tu dulce pecho dormido.

23.

Instante (I)

Los segundos que laten entre tus caricias
son cielos yermos
que aguardan la luz de tus manos,
paraísos detenidos que susurran, gritando,
que la muerte no es más que una mentira.

Los segundos que laten entre tus caricias,
son una danza doliente;
nostalgia de un Dios perdido
que, al mirarte,
sueña con crearlo todo de nuevo.

Los segundos que laten entre tus caricias,
son vidas vividas en un único instante,
mares quebrados que retroceden sobre sí mismos
para embestir, furiosos,
contra los versos que te sueño.

Los segundos que laten entre tus caricias,
son el tiempo por el que han esperado todos mis siglos;
los recuerdos borrosos por los que lloraré mañana,
vestido de estrellas, cuando entierre mi nombre
en el dulce abismo de tus labios.

24.

Extrarradio
(Madrid sin Madrid)

Ciudad deshecha y sin siglos,
herida de sí –vacío-
en un sueño libre y azul,
hecho de un mar que no es mar,
sino espuma enterrada en polvo.

Ciudad perdida,
lugar sin lugar que marcha sin camino;
como sueño imposible -Extrarradio-
de permanecer sin quedarse,
de amar sin tenerte.

Ciudad desnuda,
adivinada, lejana, desde dentro,
como adivino tu pecho después de amarte,
como un tibio latido que aún sostiene mi vida,
frío y ausente.

Ciudad sin ciudad;
puerto sin estelas que invita, callada,
a la nostalgia encendida de tu recuerdo,
al vacío que apresa mis manos, huérfanas y sin tacto,
todavía enamoradas.

25.

Manos de espuma

Como luz entreabierta,
tus manos, al aire,
vencidas a la mar,
espejos de la espuma.

Y las mías,
llenas de viento,
de los gestos de tus gestos,
quisieron amanecerse en ellas

como caricias en más caricias,
como un puño deshecho sobre tu pecho,
como el mar sin nombre
que me rompe dentro, soñando ser tus pasos.

26.

13 segundos

Lo que calla
apresado en tus besos,
son las palabras
que por cautivas,
no te dije,
el nombre,
hermoso e incierto,
de todos los días de mi vida.

Lo que vive
durmiendo en tu boca,
son las noches
que huyeron de mi tiempo,
las caricias
que tañen, calladas,
al otro lado
de mi vida.

Lo que late
herido en tu abrazo,
es el deseo imposible
de pertenecerte,
de amarte
como se ama lo propio,
como parte de uno,
como puerto y sueño.

Lo que duerme
atado a tus labios,
son trece segundos
que respiran
como un siglo,
como el tiempo
que calla un beso tuyo,
tierno y detenido.

27.

Latir

Me late una tristeza hermosa,
una melancolía agónica y exhausta;
una desolación de miradas lentas
que se escancian en la tarde,
después de amarte
y se derraman en silencio
sobre tu boca abierta,
como un presagio herido
que intuye la noche,
prendido de tu piel.

Me late un corazón
ebrio de tiempo,
un ejército de segundos muertos
que me empuja los recuerdos
hasta el confín del cuerpo,
entre mares convulsos
que gimen, desde que existen,
sin saber sus nombres;
como el tiempo que fue tiempo
sin los hombres, ascético y triste.

Me late el manto de palabras
que tejieron tus manos descalzas,
vertidas sobre mi pecho
como la tierra que se abre al cielo,
abrazándolo todo
e imita a tu vientre cuando espera al mío,
como un corazón silente y trémulo
que vive en el exilio,
cautivo de tu pecho,
preso de mi memoria.

28.

Sin versos

Ya no me quedan versos.

Y te vestirás con los que escribí hace una vida,
cuando el tiempo era solo una palabra
enferma de futuro,
ebria de ti.

Y encontrarás
que todos ellos eran tristes,
y que el futuro ya no es futuro
sino puro pasado por venir;

y sabrás que la vida
solo es una luz mínima
arrojada a ciegas
a un océano oscuro y sin nombre

en el que el tiempo
[Promesa]
siempre sueña con tus ojos.

29.

El peso de nuestros muertos

Es el peso de nuestros muertos
el que no nos deja callar,
el que nos oprime las palabras
hasta hacerlas amargas,
hasta robarnos el gesto
en un puño alzado,
en una bandera sin viento,
hecha solo de carne y piel.

Es el peso de nuestros muertos
el que nos prohíbe perdonar,
el que brama,
encendido,
maldiciendo vuestro tiempo;
como un corazón enardecido
que late bajo la tierra,
pronunciando vuestro nombre.

Es el peso de nuestros muertos
el que nos prende la memoria,
el que enciende sus gritos
hasta hacerlos cicatrices
y viste con nuestros ojos
sus ásperas cuencas vacías,
leves metáforas
del lecho en el que duermen.

Es el peso de nuestros muertos
el que nos dejó sin patria;
el que nos robó el dulce espacio
que, por odio, enterrasteis bajo la vuestra,
y que hoy duerme
en las manos deshechas de nuestros padres,
ya leves y sin peso,
descarnadas de tanto acunar caminos.

Es el peso de nuestros muertos
el que os sigue llamando asesinos,
el que nos hará empuñar los versos
contra vuestra estirpe y vuestra raza,
en una guerra,
secreta y justa
que, sin duda,
volveremos a perder.

30.

Madridadentro

Hileras.
Metal sobre asfalto, muerto, encerrando la tierra libre.
Tiempo roto, vertido en silencio, como luz sin luz.

Prisión.
Días robados, inertes, perdidos,
vida sin vida que calla en lo que callas, muriendo.

Cadenas.
Árboles envenenados -manos enfermas-,
que sueñan prenderse del cielo para huir tierra adentro.

Grito.
Como puño alzado, preso un segundo después,
pero libre en un instante -Mujer-, que respira como tú.

31.

Sueño

Sueño un verso en tus ojos,
lleno de la luz que me falta,
durmiente en un azogue sin espejo,
hecho de mercurio y nubes,
vivo como la muerte.

Sueño un océano con tu nombre
y lo sostengo en un silencio adivinado,
suspendido para siempre
en un hilo invisible
de tiempo y espacio.

Sueño un dios en tu ausencia,
dibujado en caricias
que se pierden sin tacto,
aprendidas de memoria
por mis palabras tristes.

Sueño una vida en la tuya,
durmiente en un paraíso alucinado,
en la sombra que guardo tras los pasos,
compañera de los versos
que una noche te escribiré.

32.

**Poema inacabado
[Apunte I]**

Seré muchos hombres,
muchas heridas,
muchas mentiras.

Pero frente a ti,
ante el ciego espejo
de tu ausencia,
tan solo lograré ser

tú,

[todos los segundos],
[todas las noches],
[para siempre],

hasta que me respire
la oscuridad.

33.

Promesa

Ser azul de cielo amanecido, de luz fría y tiritada,
parto de la noche que te sueña;
viento que te acaricia las manos,
seda que te roba el perfume.

Ser espuma sobre la arena que pisas,
muerta de sed sobre tus pies de plata,
bandera que sueña ondear mar adentro,
sin más ejército que la luz.

Ser celeste sobre calima;
brisas que quieren ser la mar
y danzan como alientos en el albero,
en un baile, hombre y toro, cruel como la vida.

Ser palabra en tus labios,
detenida en un segundo
que se vive con luz de manos abiertas,
tendidas a mi cuello, huidas de tu tiempo.

Ser estela en la mar, como semilla de camino incierto;
como página no leída y descubierta, de repente,
en un segundo fugaz como la vida,
y luego durmiente, como la oscuridad que nos espera.

34.

(Orgasmo)

Deseo morir en el instante
en el que gimes después de amarme;
en la tormenta deshecha
del silencio de tus besos,
húmedo recuerdo de la tierra
que un día caminé a tu lado.

Deseo morir entre tus palabras raptadas,
entre frases
que, por ajenas, no te pertenecen,
y brotan, latidas,
desde el mismo fondo
de lo que eres.

Deseo morir en el preciso momento
en el que conviertes a mi pasado
en simple camino hasta ti,
en vida sin vida,
en prólogo de un instante
que, callado, respira como miles.

Deseo morir en el segundo
en el que pronuncias mi nombre
con los ojos cerrados,
abandonada a un pensamiento de tacto y luz,
de días que sueñan amanecerse en noches
bajo la hermosa danza de mis manos sedientas.

35.

Poema inacabado.
[Apunte II]

La
soledad,
mujer,
es
no
haber
tenido
jamás
tus
manos.

36.

(Tú duerme, que yo te sueño)

Con toda la luz por estrenar,
por amanecerse a la vida en un instante
donde el tiempo comenzará a hacerse tiempo,
balbuciente, bajo el péndulo sagrado
de tus latidos nuevos,
enfrentados a los míos como la mañana a la tarde,
como estaciones ebrias de vida,
que se suceden, una tras otra,
doblegando a la muerte,
incapaz frente al amor.

Con todo el universo detenido
en el segundo en el que te vea por vez primera;
instante que nos latirá, silente y mágico,
cada vez que te sostenga la mano
y dibujemos el presagio,
tembloroso e inverso,
del momento en el que yo marche a lo oscuro,
prendido a la tuya
sabiéndome eternamente vivo en tus ojos azules,
borracho de ternura.

37.

Madrid, madrugada, espera.

Éstos son los versos
que durmieron, callados,
a la espera de tu luz,
del camino invisible
que separa,
en un segundo incierto,
tus labios
de los míos.

Éstos son los secretos
huidos de mis palabras,
los latidos que, cada noche,
prenden de tu ausencia,
aguardando, silenciosos,
el fugaz instante
en el que al fin
los descubras, amaneciendo.

Éstos son los pasos
que, sin saberlo,
di hasta los tuyos;
el pulso
clandestino y arcano
que sueña derramarse
en la blanca meseta
de tus manos.

Éstas son las promesas
que por cobarde
no te hice,
los himnos callados
que susurré mientras dormías,
mientras imaginaba mi vida
muriendo, silenciosa,
en el fondo de tus días.

38.

Caminos (I)
[Batalha, Arlanza, Trizay]

La luz y la piedra,
como tus manos y mi recuerdo,
como un grito silencioso que, callado,
sueña tu respuesta.

(Tú).

39.

Poema inacabado.
[Apunte III]

Vivo
en
un
verso
que
lleva
tu
nombre.

[Tiempo].

40.

Pérdida

Leo en la ausencia de tus labios
el fin de todo;
el mar sin mar, ahogado en sí mismo,
líquido de tan deshecho,
como un mundo imposible
que se derrama, enamorado,
sobre los tiernos pasos de tus palabras.

Leo en la ausencia de tus manos
el desierto inmenso;
la vejez de todo lo que sentí;
la certeza, sobria y sabia,
de no haber vivido,
de haberme equivocado
en lo que fui,
perdiendo lo que seré.

Leo en la ausencia de tus gemidos
una soledad insoportable,
la tiranía, terrible y abismada,
del exilio de tu abrazo,
de esos segundos
preciosos y difusos
en los que respiraba toda tu vida,
en un único instante.

41.

Me lo dijo tu marcha

Que el tiempo es un sendero sin retorno.

Que mis versos son segundos robados a la muerte, hijos de días que no viviré.

Que el dolor te hace sabio susurrando verdades que la felicidad dibuja mudas.

Que Dios no existe más allá de tus manos.

Que la poesía es el deseo imposible de permanecer en algo, fugaz y hermoso.

Que elegida, la soledad es un desierto que se torna vergel, a la luz de los días.

Que resistiendo en el desamor, el llanto florece como memoria.

Que las caricias que te di son hoy caminos sin retorno, perdidos de mis manos.

Que las noches que olvidaste, serán amanecerescuando el tiempo te aleje.

Que no me amaste nunca.

Y que podré olvidarlo, sin remedio.

42.

**Castilla cabe
en las palmas de tus manos**

Desnudas,
sin más vestido
que la memoria;

[Tus manos]

lisas, planas, llanas,
puras mesetas de tacto,
abiertas al cielo
como si soñaran
sostenerlo sin esfuerzo,

como la raíz misma
de la que brotan
todos los dioses,
todos los verbos,
todos los tiempos;

fruto y palabra
del misterio inalcanzable
que duerme en las mujeres,
semilla misma del mundo.

[Y Castilla]

imitándote,
también mujer;
también desnuda para hallarme,
viva y sabia
como la planicie encendida de tu vientre
que late, cálida e infinita,

bajo los tenues pasos de mis manos,
leves como un recuerdo
que esconde mil nombres,
entre ellos, el mío.

[Y ambas, Castilla y tú],

varadas en el rastro estremecido
de todas las palabras que dije,
de las promesas que nunca os quebré,

respiradas
bajo la certeza anciana
de que mi patria
[Latido]
cabe entera en tus manos.

43.

(Mujer, mar, ausencia)

Hebras de plata
cosidas a la mar,
ahogadas en arena
que sueña ser camino hasta ti.

Bruma de siglos surcada por naves
que ya no navegan,
que yacen enterradas
bajo el polvo azul que un día las sostuvo.

Piedras que sangran tiempo,
que otean el otro lado del océano,
hijas de una memoria
que ya no volverá.

Motas de Castilla deshecha,
trotadas sin tino hacia la espuma,
muerta soñando la mar
que nunca verá en vida.

[Y tras todo ello,
tú, mujer,
aún presente,
pero ya lejana].

44.

Tempestad

Perdido
-tempestad-
en un marasmo gris,
sin tierra, sin mar y sin cielo;

tristeza líquida
disfrazada de días,
de segundos apresados
en más segundos;

en mentiras
que se derraman, gota a gota,
sobre el grito que guardo
preso en la garganta;

y que, mudo,
escribe tu nombre
como una luz exangüe,
como un latido detenido.

45.

Madrid

Madrid es un espacio vacío, mecido bajo nubes robadas a un lienzo.

Madrid es una mar de nada, roto sobre un nudo de calles sin memoria.

Madrid es una pisada de Dios, de camino a otra parte.

Madrid es un bosque sin vida, erizado sobre sí, soñando el mar.

Madrid es una caricia mentirosa, dada con prisa en una esquina sin nombre.

Madrid es luz quebrada, llovida sobre una tierra yerma y sin sombra.

Madrid es un océano hecho pecio, guardián del tesoro de tu tacto.

Madrid es un corazón trémulo que late polvo, quepierde vida.

Madrid es tierra herida, teatro de los días.

Madrid eres tú.

(Y lo llevo dentro, como tiempo que, latido a latido, deja de serlo).

46.

Te irás

Te irás.

Y mi vida gritará durante un instante
en el que brillará, airosa,
bajo la luz plateada de tus pisadas,

derramadas sobre la arena
como el envés perfecto
de mis días perdidos,

latentes, breves y vivos;
desaparecidos para siempre,
bajo el tenue peso de la espuma.

47.

[Deseo]

Ser sueño en tus sueños,
perdido en un segundo
que encierra miradas mudas,
que parte en dos al tiempo
como un barco que deshilacha la mar
y boga, errante, sobre la noche desnuda,
bajo un cielo irreal y difuso,
surcando tu espalda.

Ser mi nombre en tus labios,
voz libre, callada y detenida;
promesa que el silencio late sin prisa
como un orgasmo triste,
como un llanto alegre,
como un grito que mece
los versos que te sangro,
nacidos como palabras.

48.

Caminos (II)
[Zalamea, Bañales, Carnac, Almendres]

Árboles de piedra que sueñan el cielo,
como un leve susurro
que duerme en tu cuello,
cautivo de un verso.

49.

Te guardo

Te guardo
rumor de mil chopos
–arroyo seco–
acunados al viento,
como agua invisible
vertida sobre el páramo,
enluciéndolo en siglos.

Te guardo
bandadas de pájaros
–verano deshecho–
como río
en el cielo;
como flecha oscura
que surca el tiempo.

Te guardo
horizontes dorados,
tejidos con girasoles
que se sueñan de luz;
como soles
de un sol
preso en la mirada.

Te guardo
espigas sin segar
-luz sólida-,
para atravesarlas desnudo,
como mi mano sueña
vararse, perdida,
en tu cabello dorado.

Te guardo libertad
en el verso que lees,
como grito que es
sin palabras,
como ese mar en calma
en el que un día
naufragaré.

50.

Lluvia
(Madrid)

Lluvia,
como un mar vertical
y quebrado,
ajironado en un iris
que se viste de vida
y que rompe, mortecino,
contra días
que son sin tiempo.

Lluvia,
en triste abrazo
de fachadas rotas,
en iglesias de adobe
que sobreviven
como naufragios varados al aire
en calles que respiran sin ti,
casi sin cielo.

Lluvia,
sobre geometría imposible
y tejados tristes;
presa de horizontes
que se derraman, huidos,
en un verso sin dueño,
hecho de barro y silencio,
moldeado por tu recuerdo.

Lluvia,
lanzada a raudal sobre el suelo
para buscar la tierra desnuda,
como mis manos buscan las tuyas,
soñando ser el océano
en el que navegan
todas mis palabras,
cautivas de las tuyas.

51.

(Cielo, Tierra, Palabras)

Cielo -piedra-,
océano helado,
suspendido sobre la tierra
como un sudario de hielo,
como pase de pecho
deshecho en un verso
-Dios-
que se escribe sin palabras.

Tierra –presencia-
cielos sin cielo
a ras de surco;
de polvo muerto
que fue nube y batalla;
de pasos errantes
que fueron gritos libres,
hoy ya detenidos.

Palabras -silencio-
que enmudecen
sobre tus labios,
como un verso prohibido
que guardo
como guardo mi vida,
con miedo y dolor,
cautivo en un puño cerrado.

52.

Presagio y marcha

Mañana te inventaré
segundos de luz rota,
birlados a las horas
que navegué sobre tu vientre,
en el silencio que te guardo
en secreto,
como un presagio herido,
como un lamento triste.

Mañana te inventaré
los versos que aún
no me pertenecen,
que navegan
en cualquiera de tus gestos,
soñando ser espejo y luz,
promesa cumplida,
palabra enamorada.

Mañana
te inventaré
nubes suspendidas en palmas,
en el camino sin polvo
del sol siendo pecio,
en un sueño -ser mar-
que fue sin siglos,
que será sin palabras.

53.

Revelación

Bajo la cúpula de Pedro, ocultos en el hermoso baldaquino de bronce, el camarlengo me asió del brazo, asustado.

-¡Santidad, Santidad!

Y es que allí, en plena Consagración, con el cuerpo de Nuestro Señor temblándome en mi débil pulso de anciano, me di cuenta de aquello.

Yo nunca había creído en Dios.

54.

[Te besé]

Como puertas a tu tacto,
como muralla de agua invisible,
puente entre las dos orillas de tus labios,

[te besé],

en un segundo detenido,
huido del tiempo
que dejé de vivir a tu lado,

como pájaro herido,
como sombra hecha luz,
como oscuridad amanecida

en el breve espacio de tus manos.

55.

[Madrid]

Las calles de Madrid
son cicatrices de asfalto, pétalos de cemento,
simas donde duermen, calladas,
todas las palabras.

Las calles de Madrid
son desiertos sin luz,
ríos de polvo que sangran olvido,
inacabadas y sin memoria.

Las calles de Madrid
son surcos abiertos por los siglos.
desiertos donde florecerán todos mis versos,
aún enamorados.

Las calles de Madrid
son heridas sobre la piel del mundo,
piedras vivas que apresan el tiempo,
aun sin quererlo.

Las calles de Madrid
son manos desnudas,
prendidas las unas a las otras,
como una oración sin fe.

Las calles de Madrid
son como mis versos más tristes:
rotas, perdidas, oscuras, solitarias,

[Llenas de ti].

56.

Pecios en tierra

Con remos de azadas
y surcos por estelas,
con velas rotas
tejidas de nube y espiga.

Con rumores de palma y noche,
que navegan entre fortalezas
de piedras deshechas,
temblando los siglos.

Con navíos sin bandera
que mañana serán pecios en tierra,
lindes de fincas milenarias,
armas de campesino libre.

Con la deriva por rumbo,
deshaciendo las fronteras
que un día nos pintaron en el suelo,
sabiendo que la mar las borra.

Con los sueños rotos,
cosidos al pecho con el hilo de tus palabras,
naufragaremos, ya libres,
en el fondo de los siglos.

57.

Instante (II)

Pájaros -bandada-
como puño abierto al cielo de repente,
nube de un sol -palma desnuda-
que no alcanza a acariciar.

Pájaros -quietud-
iris oscuro, mínimo, vivo, inerte,
que adivina la luz a través de mis ojos
en un segundo perdido y cautivo, hecho de tu memoria.

Pájaros –paraje-
nubes vivas sobre desierto inerte;
sobre un mundo árido y difuso,
donde Dios solo supo pintar tristeza.

Pájaros –huida-
flecha lanzada al tiempo,
arma herida que sangra versos,
susurrando promesas que, sin quererlo,

me repiten tu nombre, silenciosas.

58.

Euskal Herría, 1981

[Susurran tu nombre]

En esquinas sin luz,
en segundos que vivimos
sonriendo,
ajenos a la sombra
que nos aguarda,
que espera
como espera la muerte,
pronunciando tu nombre, callada.

[Susurran tu nombre]

En listas de muertos
hoy vivos,
de hombres que solo
disparan palabras,
que pisan sin saberlo,
el polvo herido
que mañana
los verá morir, al alba.

[Susurran tu nombre]

En lápidas aún no escritas,
que aguardan, dolidas,
el cincel que de memoria
aprende su nombre,
y que recita, en silencio,
el eco de un disparo asesino,
como un secreto terrible
que guarda el mármol.

59.

[Renacer]

En trigal lento y pausado, crecido sobre caminos de cien siglos.

En tiempo perdido, dormitado en sombras, borroso a la luz.

En iglesia desmoronada, huida de Dios, abierta al cielo.

En encina solitaria, verso y siglos, pilar de estrellas.

En labranzas de Castilla, sin flor ni pasto, como geometrías de niño.

En barco errante, siempre de paso, nunca en puerto.

En castillo en ruinas, furia de anciano sobre cerro sin nombre.

En caricias sobre tu piel, segundo eterno que Dios envidia.

En manos de niño, como días por venir, tendidas a tu cuello.

En vidrio de catedral, vestido de sol, roto sobre la piedra.

En mis manos desnudas, para buscar las tuyas, hasta encontrarte de nuevo.

60.

España, desnuda

Inabarcable, indescifrable, arcana,
planicie y cortado, mar y cielo,
hija de Gerión enamorado,
linaje de linajes,
de caminos paridos por los pasos,
atados entre sí por la fuerza;
como templo de dioses ya olvidados
que saben a polvo y bronce,
a camino y fuga, a tiempo
que se mide por eternidades, España.

Incompleta, partida, mellada,
como madre que devora a sus hijos
mientras los hijos devoran su vientre,
arruinado proscenio donde Caín y Saturno
se besan, arrancándose los labios,
tiñéndolos con la sangre
de hermanos e hijos
ya muertos, ya inertes, ya callados;
solar helado, cadavérico y aterido,
alzado en barrancos y vegas
donde el tiempo ulula la historia,
demente de tan viejo, España.

Dulce, terrible, podrida, todo a la vez;
como un cadáver vivo, hermoso y horrible;
como laberinto helénico,
como almadraba púnica,
como calzada romana;
siempre vacía, siempre yerma,
siempre enterrada,
como un corazón que lo ha latido todo,
deshecho de tanta vida,
arruinado de tanta muerte, España.

Eterna, mortal, infinita,
huida de sí mar adentro
solo para hallarse,
para perderse y enterrarse en la mar,
ahogándose en la tierra;
esparciendo su semilla
en los tajos abiertos de sus masacres,
como un violador enamorado de su crimen,
como una Roma mestiza y maldita,
cautiva del estigma de lo atroz, España.

Abismo, entraña, infierno;
hades donde palpitan, encendidas,
todas las vidas, los siglos y los muertos;
en bosques de encinas retorcidas
que se alzan al cielo, buscando a Dios,
como manos moribundas
erguidas para apresar la luz
en un último instante,
soñándose libres,
sabiéndose muertas, España.

Pasado, presente, futuro;
cicatriz de mis versos,
postrado te lloro,
incapaz de desamarte;
dueña del tiempo, dudoso y difuso,
de todos los días de mi vida
y de todas las noches de mi muerte;
como mujer ajena a la que me rindo,
tristemente enamorado,

España.

61.

**Madrid
(6 segundos)**

Nubes,
como jureles de barro que surcan un mar
que es solo de cielo,
trazado al azar entre estelas rojizas
que se deshacen, libres, en un horizonte de arcilla.

Horizontes,
como parpadeos de luz opaca,
de pinceles ya muertos,
que sueñan con temblar,
aún vivos, en los tejados sedientos.

Miradas,
como manos tendidas al cielo,
danzantes bajo la noche,
bajo siglos que se harán segundos
prendidos de tu pelo.

Recuerdos,
como los besos que me diste,
furtivos y secretos,
amables prisioneros de todos mis días,
ya perdidos, pero nunca ausentes.

62.

El exilio de tus manos

Mis días tiemblan llenos de tus noches,
de un futuro que vive atado
a las palabras que aún no he inventado,
y que ya hablan de ti, sin haber nacido.

Mis días sangran prendidos a tu exilio,
a la cárcel oscura de mi iris cerrado,
como un corazón que late tu voz, tus manos y tu tiempo
y se entrega, ya sordo, a la música perdida de tus palabras.

Mis días mueren, sin dejar recuerdo,
siendo ellos el rastro mismo de tu risa;
plena y viva como una cascada de plata,
como la mar que me rompe dentro, sin luz ni memoria,

Mis días se deshacen, leves y sin horas,
agonizando en el recuerdo difuso de tu cuerpo entregado,
de tu boca abierta, buscando la mía,
de tus ojos cerrados, meciendo mi nombre.

63.

**Poema inacabado
[Apunte IV]**

Tierra
-ausencia-
manos desnudas,

desolación
-adobe y trigo-
enlucida en siglos;

En ojos que, ciegos,
sueñan con inventar
la luz de nuevo.

[Castilla].

64.

Tacto (II)

Tus manos son luz
envejecida,
dorada al tiempo,
encanecida en el oro de la tarde.

Tus manos son un pueblo blanco
derramado sobre un otero,
espuma de plata
en una ola de tierra.

Tus manos son tierra caliza,
nieve solitaria,
puro desierto
sin las mías.

Tus manos son tacto sin memoria
promesa que tiembla, ausente,
sobre la dulce tempestad
de tus gestos.

65.

Alborada

Allí, en el patíbulo, imaginé otra forma de morir.

[En altamar, quemando mi propio barco].
[En los brazos de la mujer que amo, después de amarla].
[En la plaza, frente al toro, entre la arena y el cielo].

–No podréis matarme nunca –le dije al verdugo.

Ni siquiera me respondió.

Me miró, ausente, tras su capucha oscura, negra como la muerte.

Y con la soga al cuello, cerré los ojos, esperando el fin, pronunciando tu nombre.

66.

[La habitación de la calle Ruiz]

Como un universo enmarcado en vértices blancos,
en muros erguidos como hemisferios tristes
que reinan, rugosos y autistas,
en su mundo desconchado y deshecho.

Como un templo pagano
sin dios ni cielo,
donde el único ídolo
es tu pecho desnudo,
vertido sobre mí
como un torrente de memoria,
de aire que se escancia
a versos sobre mi boca
y se respira desde el ahogo,
como una salvación única y última.

Como un jardín sórdido y enmohecido
que encierra, sin saberlo,
el hermoso teatro de tus manos calladas,
puro entalle de las mías;
versos que danzan,
aún mudos,
en el profundo secreto de tus palabras.

67.

19 de septiembre, 5.37 PM
(Hijo)

Lo supe tras tu llanto;
tras acariciar el breve espacio
de tu pecho enrojecido,
mínimo y vivo como una estrella lejana,
donde todo es misterio;
como un universo recién creado
que gira sobre sí mismo,
enloquecido y henchido de furiosa dulzura,
como una prueba palmaria de que Dios nos vela
como un poeta a su verso,
tallando las palabras,
sin comprenderlas del todo.

Lo supe cerrando los ojos,
queriendo ser tú;
soñando el lejano instante
en el que mi padre
me contempló a mí
de la misma forma:
de rodillas ante la vida,
con el corazón ebrio de humanidad,
entregado a la verdad,
brillante y rotunda,
de poder vencer a la muerte,
tan solo amando.

68.

Sin ti, contigo

Sin tiempo ya para mí,
[todo tuyo, todo ajeno, todo eterno],
cautivo de los segundos
que danzan
como una luz prendida a la noche;
como una estrella extinta
que brilla desafiando a los siglos
desde el otro lado de la vida.

Sin alquimia ya para mis poemas,
[todos rotos, todos olvidados, todos romos],
ajenos a las palabras
que ayer giraban en torno a tus manos
como vórtices enloquecidos e iridiscentes,
como un regalo que, dulce y sin aviso,
se posaba desnudo entre nosotros,
haciéndose nuestro.

Sin nada ya que ofrecerte,
[todo lamento, todo recuerdo, todo pasado],
meciendo el terrible dolor
de saberte viva en este verso;
en un barco de palabras
que, herido, naufraga lleno de luz;
como hace el alba con la noche
cuando, aún despierto, te sueño a mi lado.

69.

Nadaré tu vientre

Mañana
nadaré tu vientre
inventándote tiempo preñado de más tiempo,
de una realidad borrosa y difusa
alzada como orilla y océano,
como fin y principio de todo lo que eres a mis ojos,
amaneciendo.

(Promesa).

70.

Mis manos no saben olvidarte

Mis manos sin tus manos,
[desnudas, inútiles, yermas, perdidas];
como hechas solo de miradas;
como mitades de un todo quebrado,
reunidas y cerradas para rezarte,
para navegarte de nuevo
en una mar que ya no existe,
que naufragó una noche en todos los cuerpos
que amé sin amar,
buscando el tuyo.

Mis manos sin tu pecho,
[rotas, ancianas, baldías, solitarias];
vacías como iglesias sin Dios,
como templos desmoronados y sin tiempo
que muestran sus vientres
de piedra a una luz ajena,
a un paraíso huido y ausente
que acuna en silencio
un dolor vencido,
atándolo a la muerte.

Mis manos sin tu espalda,
[pecios, ruinas, naufragios, derrotas];
velas rasgadas que un día
orzaron tus palabras;
barcos que sueñan con un cielo líquido,
y se encallan en el rostro que ocultan;
en ese océano de lágrimas
que algunos llaman llanto
y que esta noche,
yo llamaré por tu nombre.

71.

6.00 AM

La luz de Madrid no tiene memoria.

Recién nacida, tiembla entre las fachadas, aprendiéndolo todo de nuevo, sangrando el día, como una mentira que merece ser verdad.

[Tus ojos sobre los míos].
[Tu mano enredada en tu propio cabello, soñando ser niña].
[Tu sonrisa, entregada a mis palabras].
[Tu respiración en calma, después de amarme].

Y lloré un mundo, entregado a tu certeza:

Mujer, eres todos mis versos.

72.

Mis palabras

Mis palabras son pájaros
de alas azules
disfrazados del cielo
de tu mirada detenida,
que se sueñan,
atrapados,
en su dulce cadena
de mar inverso.

Mis palabras son pasos
que tiemblan
en el abismo,
memoria durmiente
de mis pupilas desnudas,
puertas ciegas
que, abiertas,
mecen lo que dices, callando.

Mis palabras son manos
sin tacto,
mundos efímeros
que mueren
apenas florecidos,
deshechos
como promesas imposibles,
inútiles, pero enamoradas.

73.

**Poema inacabado
[Apunte IV]**

En
el
fondo
de
mis
manos

duermen,
calladas,
todas
las caricias
que no
quisiste.

74.

Noches que te buscan

Noches que te buscan,
que despuntan tras mis días
preñadas de tu recuerdo;

y sueñan con amanecerse en el regazo

de las palabras que no te dije,
de esos días, agónicos e imposibles,
que dormirán para siempre

bajo la fría sombra de un verso.

75.

En el fin

Cuando el trigo venza al asfalto y trace, como luz alzada, ríos de oro sobre el cemento que lo encierra.

Cuando el viento se estrelle, helado,
contra ruinas de ciudades desmoronadas y sin nombre.

Cuando el mar arroje a la arena el resto de todos los naufragios, de todas las heridas, de todas las mentiras.

Cuando el tiempo deje de ser contado y vuelva a ser un tenue latido en el corazón de Dios.

Yo, de rodillas, susurraré tu nombre a la tierra, para que sea el primer verso tras el silencio.

[Y con todo dicho, callaré para siempre, soñando el cielo, esperando tu respuesta].

76.

Caminos (III)
[Azután, Soto, Menga]

Como un útero de piedra
robado a cincuenta siglos de luz,
como un parto inverso de gritos callados
que, sin saberlo, nos devuelve a lo que somos:

Tierra.
Signo.
Tiempo.

(Luz).

77.

Alba

Cada vez que sonríes,
amanece.

Y todo -cielo, tiempo, latido-,
respira como tú,

como la noche que pronto será día
y abraza toda la luz
antes de dejarla marchar,

en un verso encendido
que aún sueña con tu cuerpo

ausente y ajeno,
anochecido ya para mis manos.

Y ya no hay Dios.

Solo tú.

[Alba].

78.

Solo

Tengo los sueños cansados,
envejecidos de tanto vivirme muertos,
extranjeros a la luz,
ajenos de tan propios,
derrotados como recuerdos,
ebrios de polvo y desánimo,
presos del lejano sueño
de tu desnudez.

Tengo los sueños cansados,
muertos de sed;
dormidos para siempre
sobre la honda curva de tu pecho,
sobre días que se desvanecieron
como agua entre las manos,
como un naufragio inverso
que, huyendo de ellas, aún sueña ser el mar.

Tengo los sueños cansados;
ancianos y rendidos a una derrota
que no es derrota,
sino sumisión amarga, por no peleada;
como el deseo,
inconcluso y cobarde,
de acariciarte con todo mi tiempo,
hasta hacernos indistinguibles.

79.

Destino

Te seguiré amando calladamente,
en un ritual secreto que te apresará
para siempre dentro de mi pecho;
como una flor negra que, de tan viva,
solo huele a muerte.

Te seguiré amando calladamente,
como aire que se teje con las manos, invisible de tan leve;
como recuerdos que perdí antes de tenerlos,
y dejaron su lamento en mis palabras,
silenciosos y resignados, prendidos a tu marcha.

Te seguiré amando calladamente,
tallando estrellas para las noches que no tendremos,
para los gemidos que, por lejanos, se harán miradas,
revelando, que en el fondo de mi días,
tan solo me aguardabas tú, desnuda de todo,

vistiéndome la vida.

80.

El último poema

No hay versos ya.

Solamente tu nombre, disfrazando el fin,
anunciando mis pasos.

(Puerto).

Índice

Ricardo Carrasco (Madrid, 1974) se gana la vida escribiendo para otros y a veces -sólo a veces-, para sí mismo.

Ha publicado varios libros de poesía y numerosos ensayos históricos, entre los que se encuentra su tesis doctoral sobre la Inquisición madrileña, editada por la Fundación Universitaria Española dentro de la colección "Cum Laude".

"Ausentes tus Ojos" no es solo poesía escrita. Tiene su versión musical y sonora en "Entre orillas", un espectáculo hermoso e intimista que integra melodía y composición poética y que el autor coprotagoniza junto al músico Adán Carreras.

Fotografía de portada:
José Luis Mejías

www.awarenessphotography.com

www.ingramcontent.com/pod-product-compliance
Lightning Source LLC
Chambersburg PA
CBHW051816040426
42446CB00007B/699